送给阿黛尔，宇宙中的小奇迹。
飞向月亮，飞向星星，飞向无限。

C. F.

送给路易丝，
小小星星亮晶晶。

A. D.

万物奇妙夜

LE LIVRE DE LA NUIT

[法国] 卡洛琳娜·费 著　[法国] 阿芒丁娜·德罗奈 绘
陈剑 译　苗德岁 审定

译林出版社

图书在版编目（CIP）数据

万物奇妙夜 /（法）卡洛琳娜·费著 ；（法）阿芒丁娜·德罗奈绘 ；陈剑译. -- 南京 ：译林出版社，2023.11
ISBN 978-7-5447-9883-9

Ⅰ.①万… Ⅱ.①卡… ②阿… ③陈… Ⅲ.①科学知识－儿童读物 Ⅳ.①Z228.1

中国国家版本馆 CIP 数据核字（2023）第167714号

著作权合同登记号　图字：10-2022-15 号

万物奇妙夜　[法国] 卡洛琳娜·费 / 著　[法国] 阿芒丁娜·德罗奈 / 绘　陈剑 / 译　苗德岁 / 审定

责任编辑　宋　旸
装帧设计　韦　枫
校　　对　孙玉兰
责任印制　单　莉

原文出版　La Martinière Jeunesse, 2021
出版发行　译林出版社
地　　址　南京市湖南路 1 号 A 楼
邮　　箱　yilin@yilin.com
网　　址　www.yilin.com
市场热线　025-86633278
排　　版　南京新华丰制版有限公司
印　　刷　南京爱德印刷有限公司
开　　本　889 毫米 × 1194 毫米　1/12
印　　张　4
版　　次　2023 年 11 月第 1 版
印　　次　2023 年 11 月第 1 次印刷
书　　号　ISBN 978-7-5447-9883-9
定　　价　59.00 元

目录

CONTENTS

像白天和黑夜

当我们说两个人或两件事物像白天和黑夜，意思是说，二者完全不同，截然相反。

日、夜、太阳与地球之舞

日出之后，日落之前，是白天。日落之后，日出之前，是黑夜。黑夜比白天冷。**每天，太阳从东边升起，西边落下，然后在夜间消失**，又在次日清晨重现，就像时钟一样规律。

在很长一段时间里，人们通过观察太阳在天空中的运行轨迹，认为地球就像是一只扁平的盘子，位居宇宙中心，宇宙万物都围绕着它转：太阳、恒星、行星……很有道理！

但**地球是圆的**（古代人就已经知道这个事实，只是后来有些人仍然把它想象成一个平面）。地球也绝非静止不动地居于宇宙中心（这要感谢哥白尼，他在 1543 年就告诉我们，太阳才是宇宙的中心——需要帮他修正一下：是太阳系的中心——而**地球绕着太阳转**——这点他说得完全正确）。

地球是圆的，绕着太阳转？日与夜的运行机制比我们最初想象的要复杂得多。太阳这颗恒星照亮了我们的地球，并且引领着舞步。转动的地球用一年的时间（365 又 1/4 天）绕着太阳公转一周，同时在每 24 小时内完成一周的自转。在自转的过程中，**朝向太阳的一面经历白昼，另一面则经历黑夜**。当欧洲天亮的时候，地球另一端的大洋洲就天黑了。反之亦然。

圣埃克絮佩里笔下的小王子居住在一颗很小很小的星球上，所以每当日落的时候，他只需要“把椅子移动几步”就可以再看一次日落。“有一天，我看了 43 次日落！”他这样对朋友说。多么奇特呀……

昼夜的长短与地球的倾斜

* * * * *

昼夜的长短取决于我们所处的地点和日期。因为**地球是倾斜的**……想象有一条线贯穿地球的南北两极，它叫作地轴，地球就绕着它自转，而这条轴线是倾斜的，倾斜度还不小。

当北半球是冬天时，它远离太阳倾斜。太阳光照耀的时间减少，白天变短，黑夜变长。与此同时，南半球昼长夜短，接收到更多的热量，此刻正值夏季！那么在赤道上（一条假想的分割南北半球的线）是怎样的呢？这里全年昼夜等长！

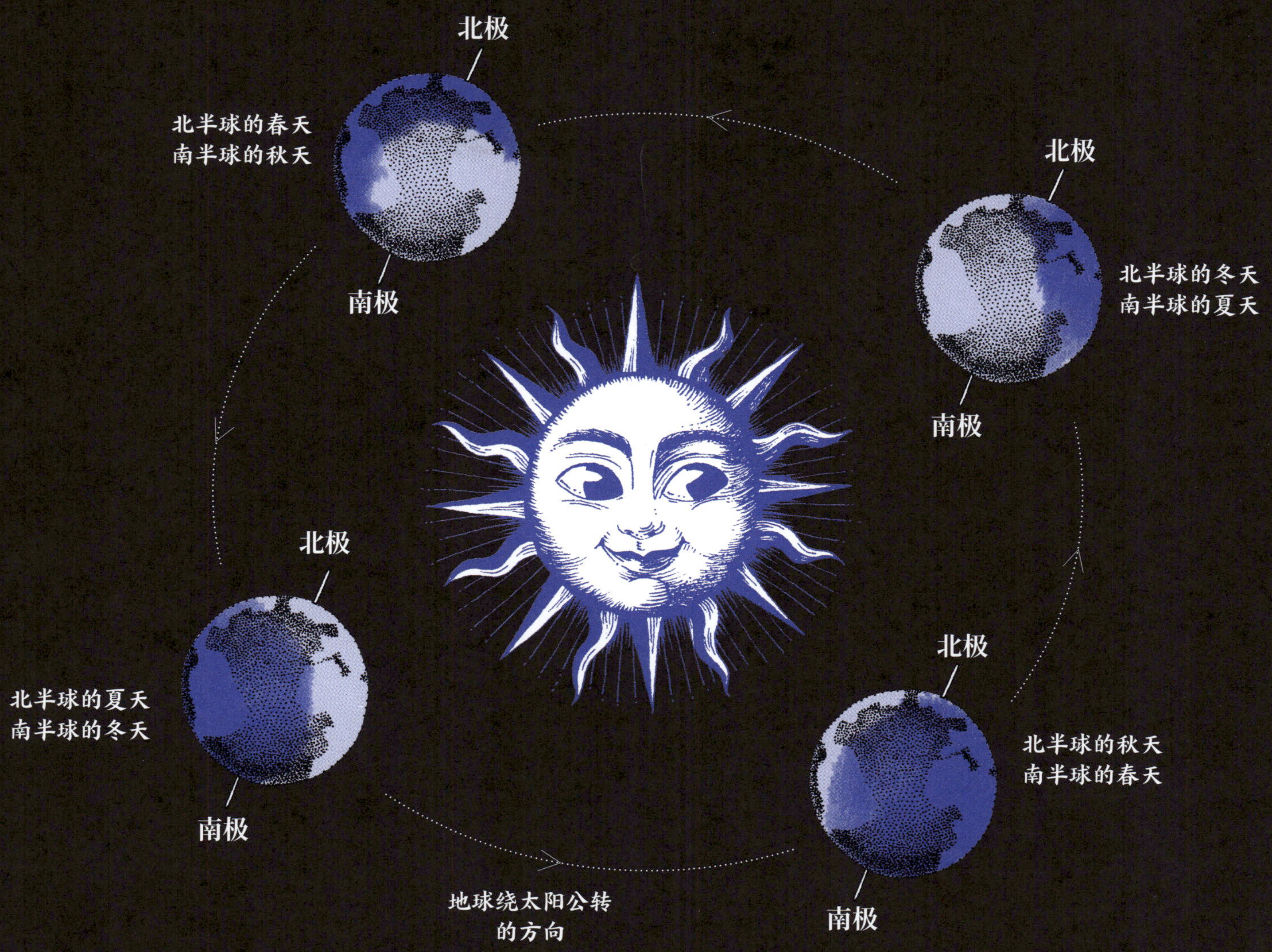

在两极，昼夜显著。**北极的冬天是永远都不会看到太阳升起的——此时是极夜**，在夏天也看不到日落——“午夜的太阳”不会从地平线上消失。在北极地区的漫漫长夜里，北极光会在天空中舞蹈。动物和植物全副武装，抵御黑暗和严寒。比如驯鹿，原本浅栗色的眼睛会变成深蓝色！南极同样也有极夜和极昼，但和北极正好是颠倒的：当北极处于黑夜时，南极处于白昼；当北极处于白昼时，南极处于黑夜，夜空中闪耀着南极光。

如今，一天（昼+夜）有24小时：地球自转一周所需要的时间。由于潮汐现象，海洋与地壳之间发生摩擦，对地球起到制动作用，减缓了自转速度，渐渐地，**一天的时间延长了！**但你根本就感觉不到这种变化。在100年的时间里，一天只延长了0.002秒。以人生的尺度来看，这样的变化微不足道。但想想吧，在几十亿年以前，一天只有6个小时……

变魔术的月亮

月亮高悬在夜空中，照耀着我们。有时是圆盘，有时是月牙，光彩夺目，令群星黯然失色。

月亮看起来很大，比周围所有的星星都大，但这其实是个错觉。它看起来最大，只是因为它离我们最近："仅"385 000公里（是地球直径的30倍），而半人马座比邻星作为距离地球最近的恒星，远在40万亿公里之外……

月亮看起来很亮。可是，由岩石和尘埃构成的月球表面其实是灰色的，就像柏油马路的颜色。它不是一颗恒星，所以自身并不发光，只能反射太阳光。

月亮绕着地球转，29.5天为一个周期。在这段时间里，由于它与地球、太阳的位置关系在发生着变化，我们看到的**月亮一直在改变形状。**不同的文明都在试图解释这种现象。在中国古代，每当新月之际，月亮消失，人们会说是天狗吞食了月亮，而当它再度出现时，则意味着新的月亮取代了旧的月亮。*

虽然月亮绕着我们转，可它**却有办法始终对我们隐藏自己的另一面。**因为当它围绕地球转动的时候，也在同步自转！

月亮能让太阳消失不见。我们称之为日食。这种现象不算频繁，不过至少每隔半年，就能在地球上的某个地方看到一次。此时月亮正好处于太阳和地球之间，日轮被月亮遮蔽几分钟的时间。于是白昼如黑夜，温度骤降，鸟雀噤声。不一会儿，太阳重现天空，一切恢复正常，仿佛什么也没有发生过……

*此处应为原作者的误会，中国的"天狗食月"指的是月食现象，而不是月相变化。——编注

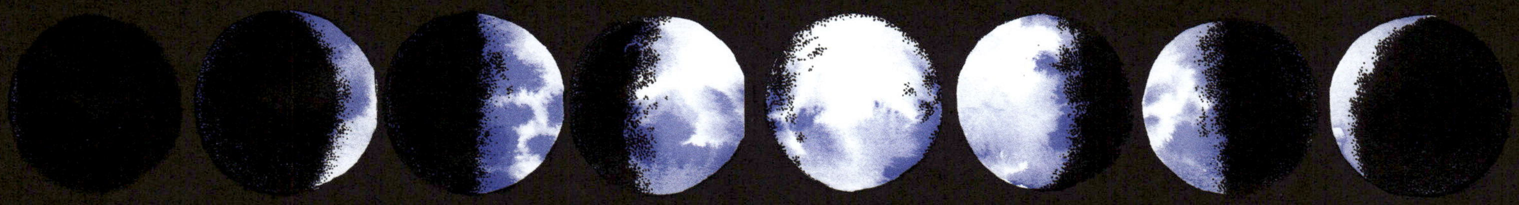

新月　蛾眉月　上弦月　盈凸　满月　亏凸　下弦月　残月

月球和地球，一对好朋友

月球生于地球。几十亿年以前，太阳系刚刚形成不久，一颗火星大小的行星撞击了地球。灼热的液态物质溅射到宇宙空间中，开始环绕着地球旋转，转啊转啊，它们逐渐冷却，最终凝聚成了……月球！

蜜月

据说在婚礼之后，
年轻夫妇会度过
一段格外甜蜜的时光，
持续一个月之久（29 天），
人们称之为“蜜月”。
这个时期进行的新婚旅行
也被称作“度蜜月”。

从此以后，地球和月球成了老朋友。月球使地球的自转轴保持稳定。要是没有它，地球的倾角就会不断改变朝向，而地球上的气候也将动荡起伏：要么极其炎热，要么极其寒冷。所以说，**没有月球，就不会有地球生命的存在。**

当月球经过海洋上方，会对海水产生引力，**潮汐正是由月球引起的。**有时（在新月和满月时），太阳会助力月球，产生强大的引潮力，造成“大潮”；有时（在上弦月和下弦月时），太阳会抵消月球的引潮力，造成“小潮”。

这三个天体会玩捉迷藏的游戏。当月球、地球和太阳处于一条直线时，地球的影子投射在月球上。只有一小部分太阳光能抵达月球，把月球染成红色。**这就是月食。**1504年，哥伦布被月食救了一命！他在几年前发现了美洲，这次再度踏上寻找新大陆的征程，却十分不顺利：船只搁浅，他身染重疾。一部分船员抛弃了他，印第安人也拒绝向他提供帮助。哥伦布知道马上会有月食发生，于是对他们说，上帝将从天空发来愤怒的信号。当月亮开始变红，惊恐的土著人连忙拿来了他所急需的水和食物。

地球和月球会闹别扭吗？每一年，月球**会远离地球**3.8 厘米……

繁星如沙粒

在晴朗的夜晚，如果没有城市光污染，不用望远镜就可以看到天空中数百个小小的光点，小得就像跳蚤、针尖或沙粒。**但它们是恒星，就和太阳一样。**之所以看起来这么微小，是因为它们距离我们非常遥远。它们很可能比太阳大得多，太阳的体积在恒星中只能算中等。

夜空中，**肉眼可见的恒星有6000多颗**——南北半球各3000多颗，因为在不同的半球，我们看到的不是同一片星空。实际上，恒星的数量远不止这些。

在很长一段时间里，人们相信星星都镶嵌在地球外围的天球上。到了十六世纪，有一个名叫托马斯·迪格斯的英国人，在哥白尼之后首次提出，我们的头顶上并没有什么天球，**恒星散布在无穷宇宙中。**

可是，如果宇宙中有无穷无尽的星星，为什么夜空依然是黑色的呢？它应该到处都闪耀着璀璨的星光，不存在任何一处暗淡的角落！最聪明的科学家绞尽脑汁都回答不出这个问题，却有一位作家想到了答案，他的名字叫埃德加·爱伦·坡。他在散文诗《我发现了》当中写道，**我们之所以看不见一些星星，**是因为它们“离我们的距离太过遥远，以至于光芒从未能到达我们”。当然，科学家们并没有听进去。直到100多年之后，他们才发现诗人的话是对的。宇宙

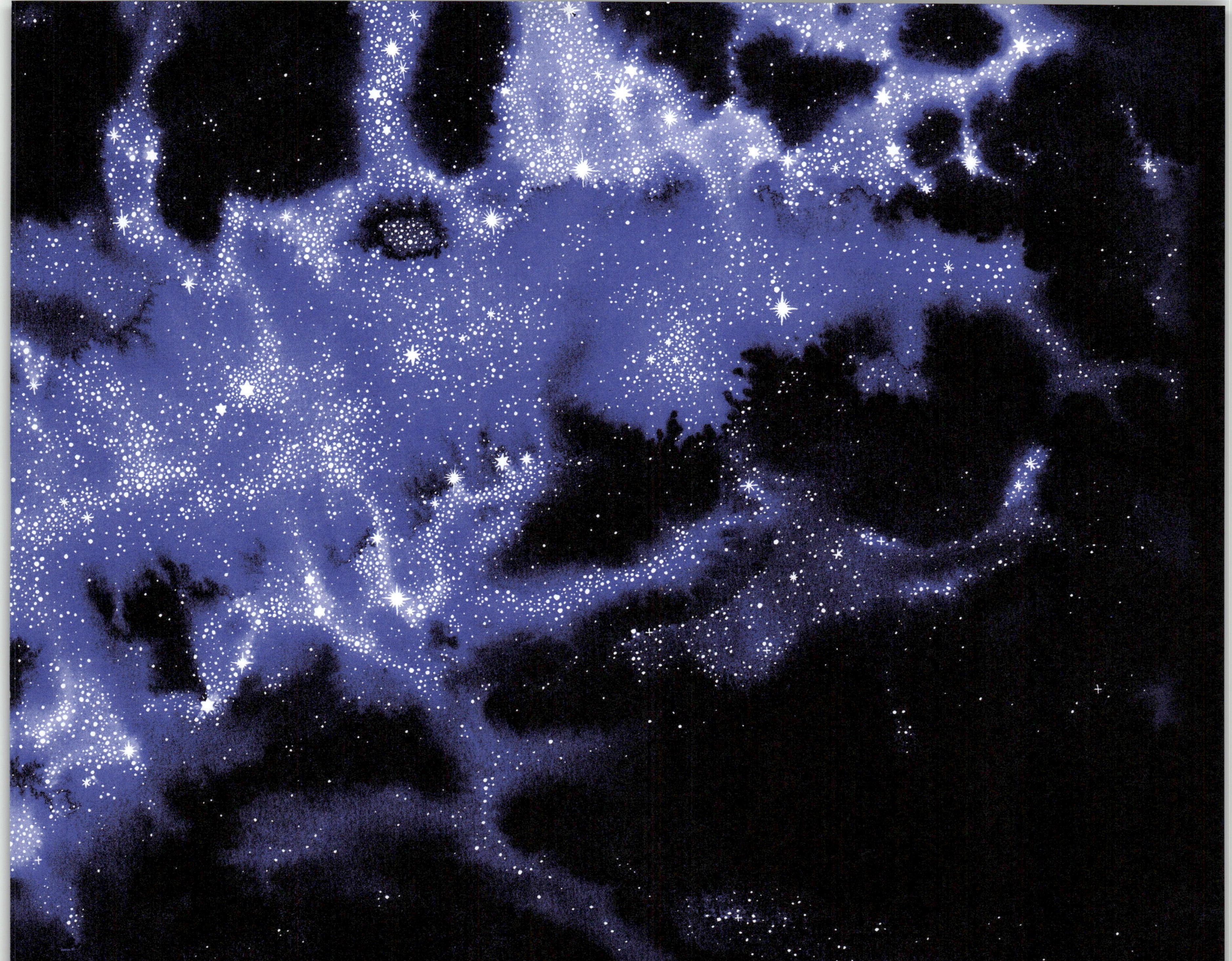

没有尽头，但我们只能看到其中的一小部分，我们称之为“可观测宇宙”。

仅仅在可观测宇宙中，天文学家们就算出了 1 000 000 000 000 000 000 000 000 颗星星。不用数了，一共 24 个零！千万亿颗星星。打个比方吧，就相当于全世界所有海滩上的沙粒……

福星照命

传说，生在“福星”下的人天生好命。相反，“灾星高照”的人霉运连连。

太阳系、银河系与河外星系

你在这儿，在庞大地球的某处，觉得自己就是宇宙的中心。但其实你很小很小，因为在广袤无垠的宇宙中，地球也微乎其微。

地球只是绕太阳公转的八大行星中的一颗。在夜里，你可以凭借肉眼看到其中的五颗行星：水星、金星、火星、木星和土星。剩下的两颗，天王星和海王星，距离更远一些，要用望远镜才能看到。为了记住它们的顺序（从太阳开始），你可以背下口诀：“水金地火，木土天海。”太阳、八大行星及其卫星（其中几颗行星和地球一样拥有自己的“月亮”）、小行星（体积和质量比行星小得多的天体）、彗星（由冰和尘埃组成的雪球）共同构成了太阳系。

太阳只是一颗普通的恒星，它与数千亿颗恒星一起，构成了我们的星系：银河系。我们从地球上可以看到银河，它像一条朦胧的白色光带，飘浮在漆黑的夜空。古希腊神话里，宙斯让海格力斯趁赫拉熟睡时吮吸她的乳汁，女神惊醒过来，推开孩子，乳汁喷射到天空中，形成了银河。如果我们可以俯瞰整个银河系，会发现它就像一张唱片，有着许多螺旋状的“声槽”。太阳就位于其中的一条“声槽”中，它（带着我们）不知疲倦地绕着银心转动，已经转过了20圈。

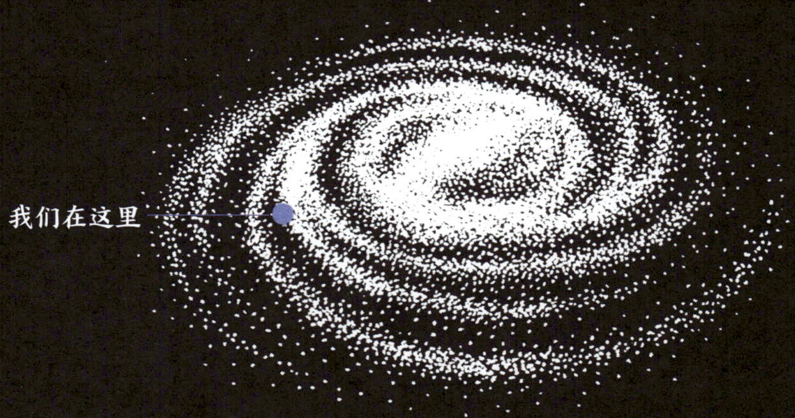

银河系是巨大的。如果你能以光速前进（300 000千米/秒），穿过太阳系需要5个小时。可若要以光速穿过银河系，则需要100 000年！

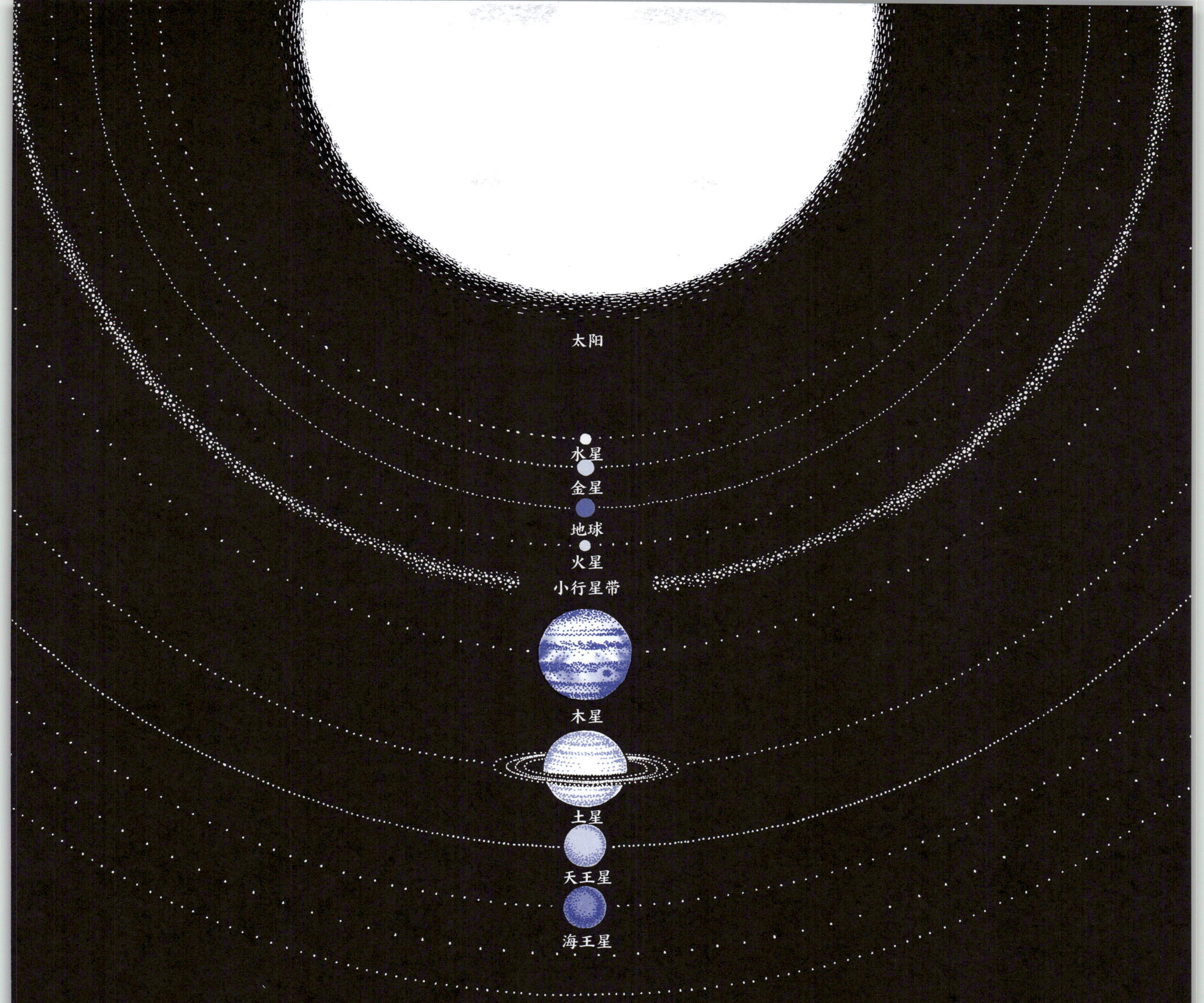

银河系也只是一个普通的星系，与数千亿个星系一起，构成了宇宙。

再然后呢？如今，有些科学家在思考，我们的宇宙会不会也只是无数宇宙中的一个。

所有这些宇宙重叠在一起，构成了“多重宇宙”……

探索夜空

长久以来，人类从地球观测天空，先是通过自己的双眼，然后，从1609年起（伽利略首次使用折射望远镜），开始借助于天文望远镜。**天文望远镜让人类看得更远**，但这还不够……

第二次世界大战以后，科技进步了：不久，人类就试图征服太空。美国和苏联为了率先进入太空展开激烈的争夺战，**这就是“太空竞赛”。**

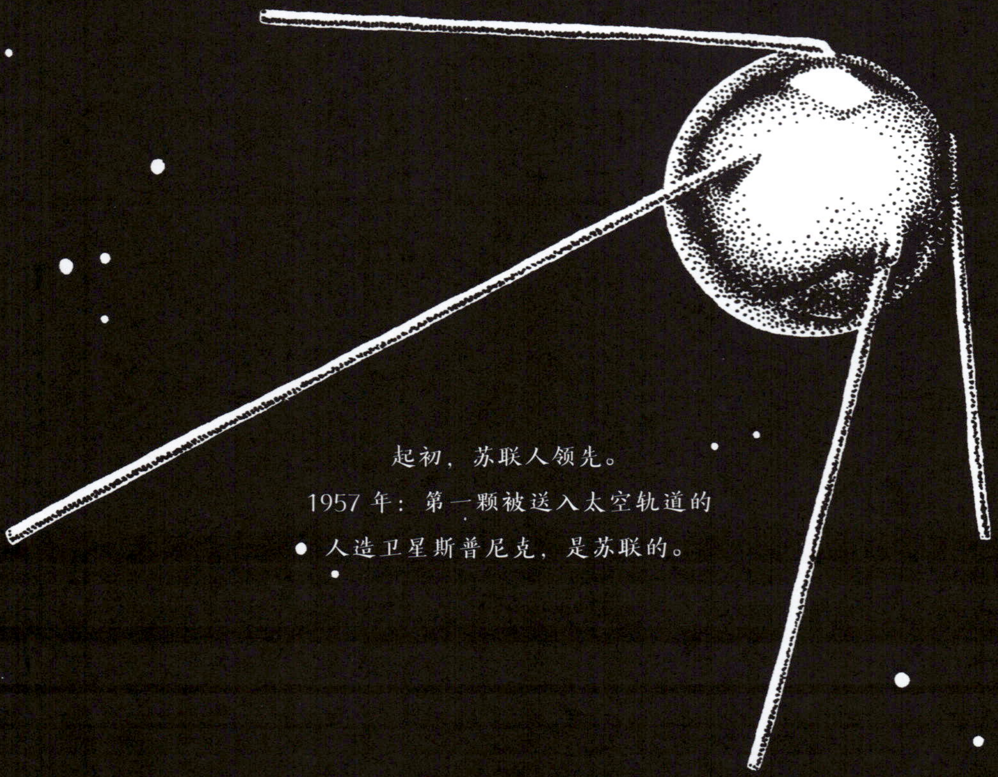

起初，苏联人领先。
1957 年：第一颗被送入太空轨道的人造卫星斯普尼克，是苏联的。

1957 年：
第一个被送入太空的地球生物，
是一只名叫莱卡的苏联小狗。

但 1969 年，
美国人尼尔·阿姆斯特朗
成为第一个登上月球的人，
他说：“这是个人的一小步，
却是人类的一大步。”
这回，该轮到苏联人奋起直追了……

1961 年：
第一位进入太空的人类，
尤里·加加林，
他也是……苏联人。

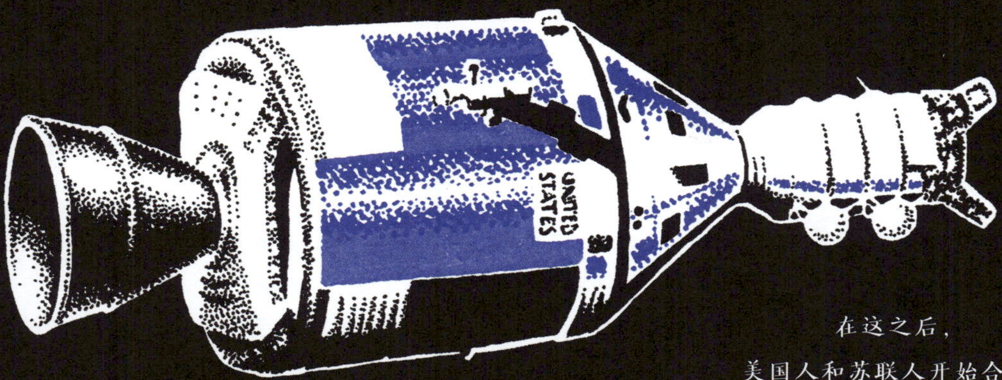

在这之后，
美国人和苏联人开始合作。
1975 年，“阿波罗号”和“联盟号”
甚至在太空中会晤：两艘飞船对接成功，
机组人员互相握手。

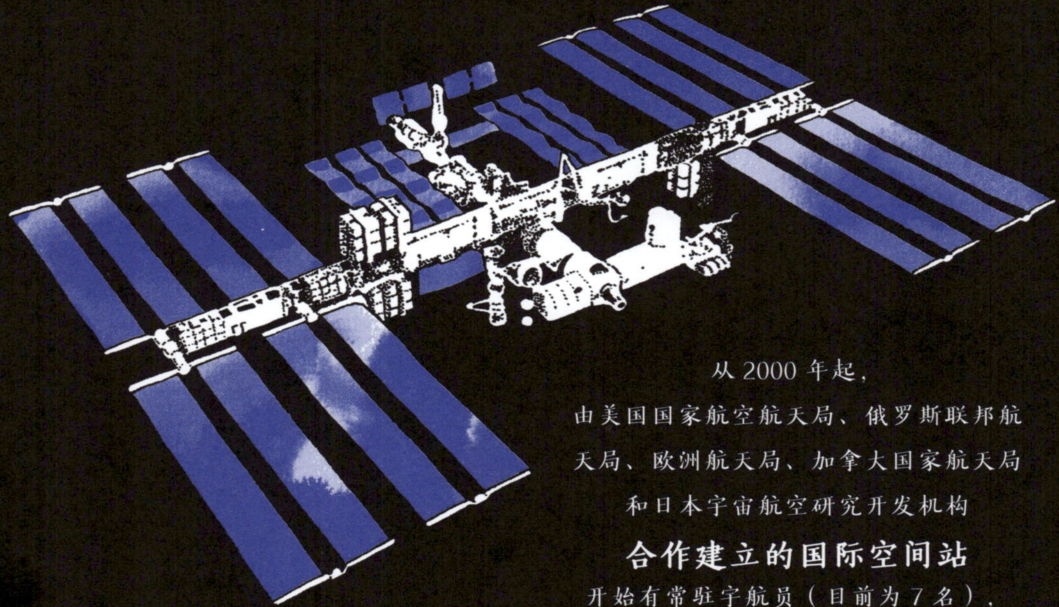

从 2000 年起，
由美国国家航空航天局、俄罗斯联邦航天局、欧洲航天局、加拿大国家航天局和日本宇宙航空研究开发机构
合作建立的国际空间站
开始有常驻宇航员（目前为 7 名），
人员定期替换。

*2022 年底，
中国自主建造、独立运行
的空间站全面建成。

我们还没有办法进行星际旅行。**太空浩瀚无边，而我们的火箭太慢了。**想要到达距离太阳最近的一颗恒星，就需要 40 000 年。但我们派出了太空望远镜去观测宇宙，还派出了宇宙探测器去丈量太阳系。它们作为我们的眼和腿，替我们踏上征途。也许有一天，我们能够回答这个问题：我们是宇宙中唯一的生命吗？

睡眠是如何进行的

你或许听过这首古老的歌谣："从前有个小人儿，晚饭之后来到家。小朋友的小眼睛，都被撒进沙。他从口袋舀沙子，沙沙沙沙沙。沙子飞起又落下，好像下雨啦……"大人们喜欢在晚上对打瞌睡的孩子说：小沙人来了，意思就是别再硬撑，乖乖睡觉。咳，没错，这只是个传说。但这个传说可能自有一番道理。

我们被设置为白天清醒，夜间睡觉。**身体里有一台生物钟，在光的协助下工作。**就像过去我们给时钟上弦一样，光也每天都会为生物钟"设定时间"。当光线减弱，大脑就会分泌出一种名叫“褪黑素”的物质，就好比是小沙人撒下的沙子。这是身体在发出信号：叮咚，夜晚降临，是时候去睡觉了！我们开始打哈欠，眼皮变沉。

睡眠就像是环形铁轨上行驶的一组小火车。每列火车都是一个睡眠周期，由三节车厢构成：首先是浅度慢睡眠，然后是深度慢睡眠，最后是快速眼动睡眠。三个睡眠阶段具有不同的功效。我们经由浅睡眠进入深睡眠，深睡眠帮助我们消除一天的疲劳，恢复体力。在快速眼动睡眠期，我们的身体一动不动（除了眼睛在快速转动），而头脑却和清醒

时一样工作着：载入白天接收到的信息并且开始做梦！当一个睡眠周期结束（火车停止运行），我们又乘上一列新的火车，或是苏醒过来。每一夜，我们都会乘坐4到6趟火车，每趟持续约90分钟。这会根据个体或年龄的差异而有所不同。

睡眠周期中的三个阶段会随着人的年龄增长而改变时长比例。刚出生的婴儿睡觉时，快速眼动睡眠期（做梦时间）占据一半的时长。而后，这个部分会逐渐缩短，在成年人的睡眠中，它只占据五分之一或四分之一的时长。真可惜！

睡觉，特别好……

我们的一生中有三分之一的时间都在睡觉。这听起来很多。睡觉不是在浪费时间吗？当然不是。睡觉非常重要。**人不睡觉是会死的！**哪怕可以很久不吃饭，也不能很久不睡觉。直到 2013 年，我们才搞清楚为什么人不睡觉就无法存活。白天，大脑工作时会产生有毒废料。夜里，当我们睡觉的时候，大脑细胞会收缩，脑脊液就能够在细胞之间更顺畅地通行，清除有毒废料。醒来时，大脑已经“焕然一新”，可以开启新的一天。

除了维系生命，**睡眠的好处还有很多。**它能帮助大脑巩固所学的知识，加强记忆。在快速眼动睡眠期，你还在继续吸收白天学到的内容！它也有助于体育运动。运动员们如果睡眠充足，就会表现得更出色。它还是健康的卫士。流感来袭时，睡眠充足的人会比睡眠不足的人更有抵抗力。

医生、护士、消防员、警察、保安、面包师、卡车司机、飞行员、工人、清洁工……**在法国，16% 的劳动者在夜间工作。**这会打乱他们的生物钟，而且更容易引发某些疾病。

白夜

在法国，白夜指的是不眠之夜——主动或被动地熬夜。

要想在早晨醒来时精力充沛，每个人所需的睡眠时长并不相同，所以，必须尊重自己的自然睡眠。大多数成年人需要6到9个小时的睡眠（即4到6个睡眠周期）；儿童需要10到11个小时，甚至更长。皇帝拿破仑只睡4到5个小时就够了，大科学家爱因斯坦则每天都需要11个小时的睡眠。至于睡美人，我们知道，她睡了整整一百年，醒来后她说：“是您吗，我的王子？让您久等了。”

然而，**在孤独的远航中，水手们“抑制”了自己的睡眠。**他们平均每天只睡3到5个小时，把睡眠分割成15到20分钟的短时休息。可敬可佩。

梦游仙境

梦通常都是奇奇怪怪的。在梦里，你有时候会遇到一只揣着怀表的白兔。在梦里，你钻进兔子洞。在梦里，你不停地下坠。你还差点儿淹死在自己的眼泪池塘里。说到这儿，你可能发现了，这是刘易斯·卡罗尔的《爱丽丝梦游仙境》中的一些桥段。这个故事从头到尾都是一场漫长的梦境："（爱丽丝）事后回想，自己在梦中本应感到惊讶才对，可在当时，却觉得一切都理所当然。"就像爱丽丝一样，**尽管梦境荒诞不经，可是当我们做梦的时候，却觉得一切都理所当然。**梦唤起我们心中一些强烈的情感：喜悦、恐惧、愤怒……有时候，只是一些普通的梦；有时候，是可怕的噩梦。而当我们醒来时，它却溜走了，稍纵即逝，轻得像羽毛一样。它想告诉我们些什么呢？它是不是有什么讯息要向我们透露？

梦是对"真实"生活的演练，它帮助我们巩固所学，教我们如何应对危险或冲突。也许正是因为这样，孩子们比成年人更容易做梦！

澳大利亚土著文化就完全建立在"梦创时代"上。最初，世界只是一片广阔无垠的平地。他们的祖先梦见了自己的奇遇，然后亲身经历，从而创生出世间万物。梦创时代并不只是过去的时代，它同时还是现在，也是未来……我们可以通过做梦，创造出另一个平行的世界。

在古代，**埃及人、希腊人和罗马人相信做梦可以连通神明或预知未来。**他们认为梦所透露的都是真的，但人们在解梦时会出错。

再后来，在十九世纪和二十世纪之间，一位维也纳医生**西格蒙德·弗洛伊德也对梦的解析产生了兴趣，但他解梦是为了了解自己，而不是神明。**梦对我们诉说的是我们自己，是我们最深沉的秘密。

将来呢？也许我们可以实时了解一个人梦到了什么，只要把简易的电极放在他的脑袋上……科学家已经在研究了！

静夜出主意

这句法国谚语的意思是，在做出一个重要决定之前，最好先冷静一段时间，比如：一夜。大脑经过充分的休息，比较不容易犯错。

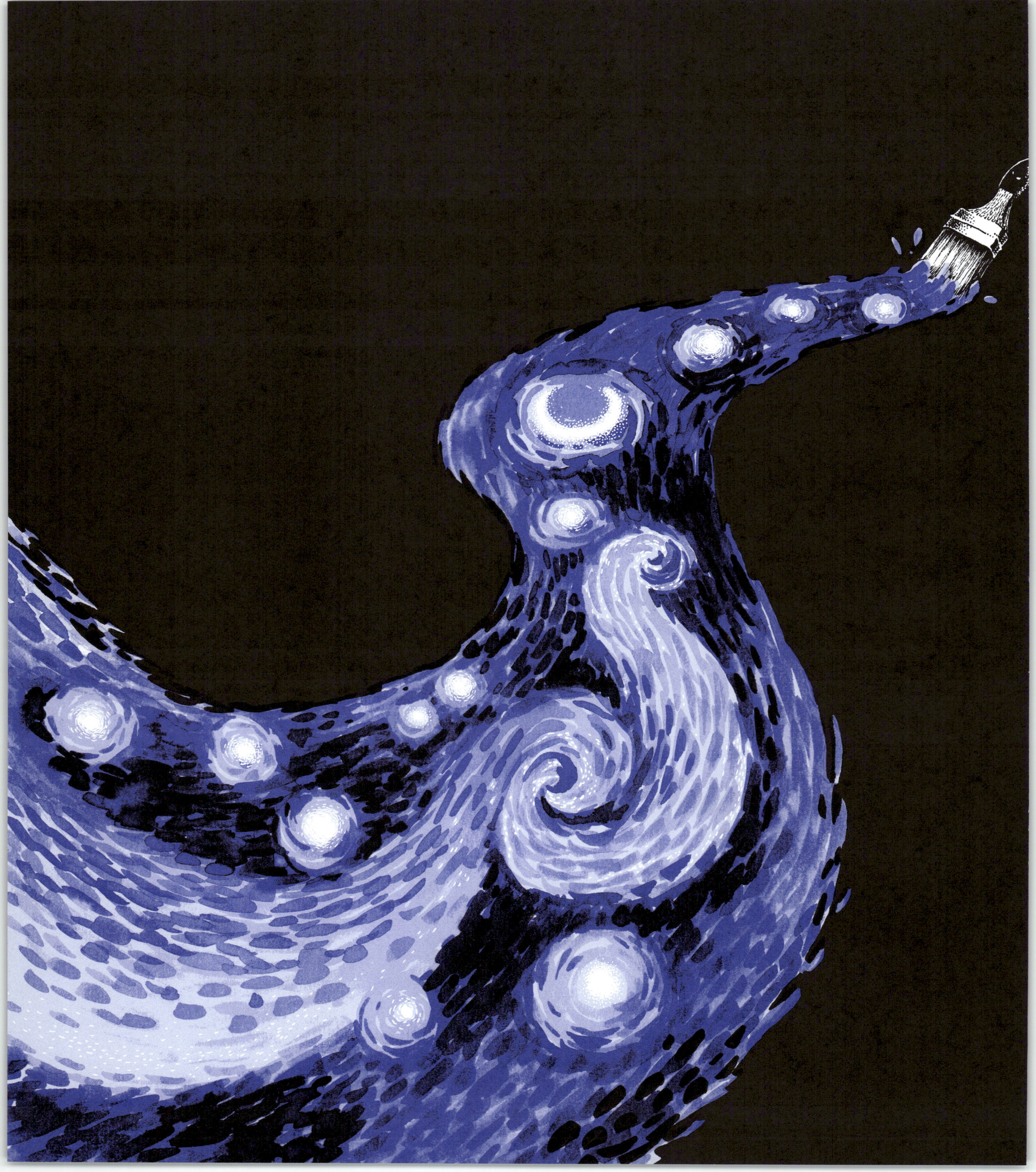

夜的颜色

如果问你，夜是什么颜色的？你大概会回答“黑色”。你说的当然有道理，但可能并不正确。

太阳落山以后，我们发现眼前的一切都变黑了，风景、生灵、物品，仿佛白日给它们披上的色彩都消失了。为什么呢？原因很简单：人的眼睛。**眼球后方覆盖着的一层薄膜叫视网膜，视网膜上有数以百万计的细胞：视锥细胞和视杆细胞。**视锥细胞对颜色敏感，视杆细胞对光敏感。当光线很弱的时候，只有视杆细胞在工作，但它们无法分辨出颜色。这就是为什么我们眼中的夜是黑色的。

然而，夜并不是全黑的。各种辐射弥漫其间，比如宇宙微波背景辐射，就是一种非常古老的光，可以追溯到宇宙诞生之初。**如果不是因为人眼的局限性，我们就可以看见夜在发光！**是我们的眼睛使它暗淡了。

的确，你永远也不可能通过肉眼看到宇宙微波背景辐射，但**请给眼睛一段适应的时间。**你可以走到户外，到没有任何人工照明的地方，然后等待。至少等待15分钟，甚至更久。你的瞳孔会张大，尽可能接收更多的光线，然后视锥细胞就会开始干活了。这时……你会看到，天空中的点点星光是彩色的。

十九世纪末，著名的画家梵高把蜡烛插在帽子上，在罗纳河畔支起画架，画出了一幅《罗纳河上的星夜》。在他的画中，他不用黑色，而是用明亮的蓝色来呈现天空、河流，用明亮的黄色呈现繁星、街灯和它们的水中倒影。在写给妹妹的一封信中，他这样描述他看到的夜：“我常常觉得夜晚比白天的色彩更丰富，它有着最鲜艳的紫色、蓝色和绿色。要是你注意看，你会发现有些星星是柠檬般的淡黄色，另一些则是玫瑰色、绿色、蓝色、勿忘我的淡蓝色。”

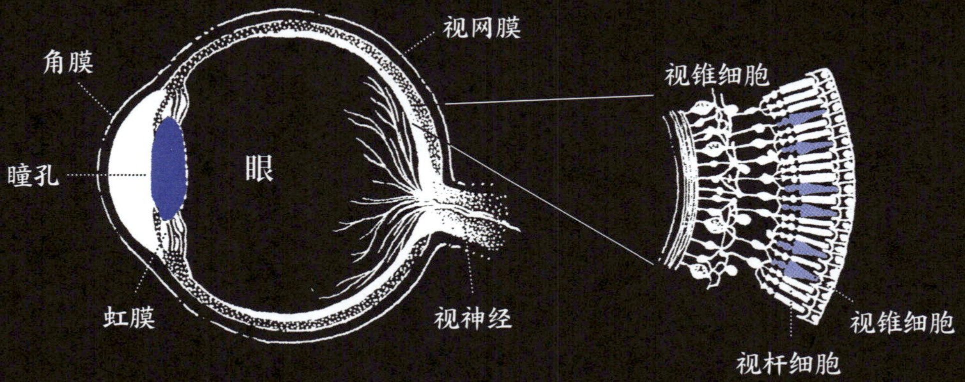

在夜里，所有的猫都是灰色的。

这句法国谚语说的是，在夜里，正如我们的眼睛分不清橘猫和灰猫，人与人（或者物与物）之间的差异消失了。所有的一切看起来都差不多。

灯光之夜

自古以来，人类就试图驱散黑暗，因为黑暗意味着危险。五十万年前，人类驯服了火。他们不再满足于等待闪电降临，从大自然中借取火焰。他们已经能够随心所欲地钻木取火或者燧石打火。然后，他们有了用动物油脂点燃的火炬，用蜂蜡制成的蜡烛，再后来是油灯、煤气灯、电灯……实现了屋内照明后，他们又用路灯照亮马路。如今，夜间的灯火早已不再稀罕，关了门的店铺依然霓虹闪耀，无人办公的大厦也还是灯火通明。

地球上的灯光如此明亮，以至于从太空中都可以看到：地球上人口最密集的地区就像是覆盖着一层金色的粉末。反过来，**站在地球上看天空，由于光污染，我们已经越来越难以看到星光。**百分之八十的地球人生活在人工照明的夜空下。城市居民能看见的星星寥寥无几。因此，**一些组织开始设立国际星空保护区**，在这些区域内，市镇和居民会减少人造光的使用，以保护夜空的黑暗。第一个星空保护区于 2007 年在魁北克建立。迄今为止，法国也有了三个星空保护区。

照明导致暗夜消失，也对一些在夜间活动的物种构成了威胁。萤火虫就因此遭遇了繁殖困难。暴露于灯光下的雌性萤火虫失去了生物发光的能力，雄性萤火虫无法找到它们，也就无法使它们受孕。灯光也会干扰动物的迁徙，令它们迷失方向。在美国，每年都有上百万只迁徙的鸟因为撞上明亮的摩天大厦玻璃而丧生。

不知不觉间，**人工照明也在改造我们。**它让我们在夜幕降临之后仍然可以不停下手头的工作……于是我们的睡眠减少了。在五十年间，我们的睡眠时间缩短了一小时到一个半小时。这对身体健康是不利的。

动物的
千万种睡觉方式

动物有各种各样的睡觉方式，对于我们这些需要在夜间安静的环境下，躺在一张床上睡个整觉的人类来说，它们的睡觉方式可能显得很古怪，既不舒适，也不放松。**这是因为它们需要保持警戒**，时刻留意猎食者靠近时所发出的任何一点声响。

重达三至五吨的大象每天可以进食三百公斤的草、树叶和水果，但它们睡觉的时间却特别少（每天两小时），而且是分成好几次。**睡觉的姿势也有变化。**为了便于逃跑，大象常常是站着睡觉的，每隔三四天才会躺下睡一次。

不同动物的睡眠时长差异极大。猎食者比猎物睡得多。小型动物比大型动物睡得多。食肉动物比食草动物睡得多。因此，狮子一旦吃饱了，一天中可以有二十个小时都在睡觉。

一些动物独自睡觉，另一些则成群睡觉。狐獴成“堆”睡觉，一个紧挨着一个。在“堆”的保护下，狐獴母亲可以放心睡觉，而在外围充当哨兵的狐獴则随时保持警觉。

海獭睡觉时仰面漂浮在水上，
它们手牵着手，
以防在睡眠过程中分离。

迁徙的鸟类也可以同时做到两件事：
一边飞，一边睡（非常短的一段又一段）。

还有些动物只睡半边。
海豚要定期浮出水面呼吸，即使是在睡觉的时候。
因此它们只有一只眼睛在睡觉（睁一只眼，闭一只眼），
并且也只有一半的脑袋进入睡眠。
我们把这种睡眠称为单半球睡眠：
一个脑半球醒着，另一个脑半球睡着。

和我们一样，动物的睡眠也在发生着变化。生活在城市的鸟类睡得更晚，醒得更早。在偷猎者猖獗的地区，原本是昼间动物的大象也改成了夜行，以逃避追捕。如今，所有大陆上的哺乳动物都越来越倾向于在夜间出没，为的就是躲避人类和光污染。

夜禽

首先当然是指那些昼伏夜出的鸟类，比如猫头鹰。在法国，也指那些夜生活丰富多彩的人。

夜行动物的超能力

有很多动物都是在夜间活动，白天睡觉。我们把这类动物称为“夜行”动物，与“昼间”动物相反。它们借此避开了猎食者，享受夜晚的清凉，甚至进行捕猎。这时候它们不必再担心竞争对手，而且可以趁着自己的猎物夜视能力差，好好美餐一顿。

它们的感官在黑暗中格外灵敏。首先是夜视能力，比如猫就有着非常发达的**视觉**。白天，它们的瞳孔（眼球中央的黑色部分）呈一条竖线，到了夜间则变为圆形，几乎占据整个眼球，以便让更多的光线进入。它们比人眼拥有更多的视杆细胞。猫的瞳孔深处还有一层薄膜，像镜面一样，只要有一点点光就能够反射，视网膜所捕获的光线也因此增加了。

猫头鹰的眼睛又大又圆，视力超群，不仅如此，它们还拥有极为敏锐的**听觉**。蝙蝠具有“回声定位”的能力：它们发射出人耳接收不到的超声波。这些超声波的发射频率达到每秒 10 到 20 次，遇到障碍物时会像皮球一样反弹，蝙蝠的大耳朵接收到回波，就能够判断周遭环境，了解物体的距离以及它们的运动轨迹。

像很多夜行动物一样，刺猬和獾具有**超级嗅觉**，用以弥补视力的不足。

还有其他在夜间有用的感觉器官吗？有！有些蛇类就是凭借颊窝而非眼睛来获得一种**红外视觉**：它们能感应到周遭动物的热度（而不是它们的形象）！

海洋深处是漫漫长夜，但**很多海洋动物会自己发出光亮**，或是为了吸引猎物，或是为了伪装自己，或是为了交流信息……我们称之为生物发光——在深海中非常有用的超能力。

花与夜

你可能会认为，植物对昼夜无所谓。但其实，它们对昼夜非常敏感。

白天，它们生长和呼吸。**夜晚，它们仍然在呼吸，但不会生长。**因为植物需要有光照才能生长。

更不可思议的是，**植物会通过叶片测量白天的时长，帮助它们感知季节的更替。**它们因此知道什么时候可以开花。像人类一样，植物也有自己的生物钟！

开花之后，**不同种类的花会在不同的时间段绽放（和闭合）：有些在白天，有些则在夜晚，**所以它们甚至可以被当作时钟！在十八世纪的瑞典，有一位名叫卡尔·冯·林奈的植物学家注意到了这一点。他发明并种植了“花之时钟”。时钟从香草仙人掌花朵闭合的午夜开始，到白花蝇子草绽开的23点结束。在这之间，蒲公英开放（5点），续断菊闭合（9点），迷迭香开放（10点），红繁缕闭合（14点），睡莲闭合的同时胭脂花开放（17点）……昼夜的每个小时，都有一种花报时。据说林奈的花之时钟甚至可以每半小时报时一次！但这种时钟还是有点儿不方便。因为花的开放和闭合还会根据它所处的地理位置和气温而发生变化。同样的花如果种在法国，开合的时间就不一样了。

有夜间动物，自然也有夜间植物。为了让夜蝴蝶能够在夜色中找到它们，前来采蜜授粉，夜间开放的花朵大多数是白色、粉色或淡黄之类明亮的颜色，或是能够在夜间释放出独特的芬芳，比如金银花。

月光花
夜之女王（仙人掌）
小夜孔雀
白花蝇子草
胭脂花

夜之女神

在人类还不能用科学来解释昼夜现象的古老年代，人们通过神话来解释这一伟大奇迹的发生。

埃及人认为，这要归因于天空女神努特。努特在丈夫盖布，也就是大地之神的上方弯曲身体，形成天穹。每天晚上，她吞下太阳神拉。此时拉已经乘坐他的圣船在天空中经历了一天的航行。拉死去后，在夜间继续航行，穿过冥界，黎明之际，又经过努特的分娩，获得重生。

在希腊人的神话里，有一位连宙斯都要忌惮三分的黑夜女神尼克斯。她嫁给了哥哥黑暗之神，生下女儿白昼之神赫墨拉。清晨和傍晚，是母女交接的时刻。傍晚，母亲给大地披上一层黑色的布。清晨，女儿撤下这块布。

北欧神话中也有一位黑夜女神，名叫诺特。这次又是一份家庭工作：北欧主神奥丁将诺特和她的儿子白昼之神达古安排在天上，然后各给他们一匹马，要求他们每天环绕地球飞驰。诺特先出发，达古跟随其后，他的马鬃照亮了天地。

在摩耳甫斯的怀抱中

这句法国谚语意为睡觉。摩耳甫斯是希腊神话中的梦神，他是黑夜女神尼克斯和睡神许普诺斯的儿子。

想象之夜

在人类学会用火之前，黑夜充满了危险。人类的内心深处一直都保留着对黑暗的恐惧。因此，**人类在童话故事中回味这种恐惧，试图战胜它**。他们让小拇指和他的兄弟们迷失在黑暗的森林里，或是把各种各样的邪恶角色都集中在夜晚：怪兽、狼人、鬼魂、吸血鬼、巫婆、幽灵、精怪、矮妖……

但夜晚并不只是恐怖的所在，**它还是故事发生的时刻**。比如山鲁佐德讲故事，足足讲了一千零一夜，令她的国王丈夫啧啧称奇、欲罢不能，她才得以死里逃生。之前的每一天，国王都会杀死昨夜刚刚嫁给自己的女人，另娶新妻。在山鲁佐德之前，已经有很多女人丧命。于是每天清晨，她都把故事中断在一个关键时刻。为了知道后续，国王不得不等待夜晚再度来临，因此也就一再推迟处决的时间。

人类害怕夜晚，害怕夜行动物，甚至害怕一切黑色的动物，比如黑猫，比如乌鸦，认为它们会带来厄运……

历史之夜

夜晚并不坦荡。它心怀鬼胎。

公元前390年，高卢人进攻罗马，烈火焚城。罗马城残余的抵抗部队躲在卡皮托利亚山上的要塞中，这里山势陡峭，易守难攻。高卢人借着夜色攀爬，逼近要塞。哨兵和狗都没有发现他们的到来。罗马人若在睡梦中遭到突袭，则必败无疑。然而关键时刻，饲养在**朱庇特神庙中的几只白鹅发出刺耳的叫声，拉响警报，**阻止了高卢人彻底攻陷罗马！

1949年，德国不是我们今天所看到的样子，它被分裂为西德和东德。柏林同样被一分为二。在1961年8月13日的夜晚，**东德政府建起一堵墙隔开东、西柏林，**最初用铁丝网，很快就加固为混凝土墙！

夜色掩护，敌人偷袭。夜晚，所有人，几乎所有人都睡着了，一小撮人制定了新的规则。第二天，当大家从睡梦中醒来，世界已经变了样。

历史上有无数个悲剧之夜，在黑暗的笼罩下，一个群体折磨另一个群体。比如，1938年德国的水晶之夜，纳粹对犹太人发起了残暴的攻击。

黑夜会助长暴力和混乱？正因如此，**在战争、暴动期间，执政当局为了避免夜晚可能发生的事件，往往会颁布宵禁令：**一座城市、一个国家的居民必须在某个时间点前回家，未到天明不得外出。

暗夜时代

即“蒙昧时代”，一个非常遥远、
我们对其一无所知的年代。

夜的节日

世界各地都有一些与夜晚紧密相关的节日，尤其是在冬至（一年中白昼最短的日子）和夏至（一年中白昼最长的日子），以及新年。这些节日通常与季节更替有关，象征着从一个阶段过渡到另一个阶段：从冬天到夏天，从黑暗到光明，从亡灵的世界到生者的世界，从死亡到新生。

在亚洲，人们在中秋节庆祝丰收，全家团圆，聚餐赏月。在印度，排灯节用来庆祝善良战胜邪恶。在墨西哥，亡灵节是迎接逝去的亲友回来做客的日子。人们用蜡烛、鲜花和糖骷髅头装饰墓地，在那里欢聚酣饮，奏乐高歌，直至午夜！

自古以来，在冬末，人们庆祝春天的回归、光明的重现和大地的复苏，总而言之：万象更新。对于克尔特人和日耳曼人来说，每年4月30日的“沃尔普吉斯之夜”用来庆祝生命的繁衍。在斯堪的纳维亚半岛和波罗的海地区，6月21日前后，也就是一年中白昼最长的日子，被称为“仲夏夜”。人们欢庆夏日的回归和收获季节的来临。他们点燃火炬，驱逐恶灵。在法国，这个节日的名称是：圣约翰节，只是如今已不再流行，但在北欧国家，人们会兴高采烈地庆祝仲夏夜。

中国人在一月或二月的农历新年挂红灯笼，燃放鞭炮，吓退一只名叫“年”的怪兽，因为它害怕光亮、红色和声响。在法国，12月31日，午夜十二点（灰姑娘回家的时间！），人们拥抱亲吻，互道新年快乐。旧的一年结束了，新的一年开始了。

当第一缕阳光亲吻大地，黑夜结束了。

这是安徒生童话中小美人鱼变成海上泡沫的时刻，

因为她所爱的人要娶另一名女子为妻了。

她跳了一整夜的舞。她最终并没有死，她迎来了新生：

“这时候，太阳从海上升起；

温柔惬意的阳光落在冰凉的海沫上，

小美人鱼觉得自己还活着；她看见了耀眼的太阳，

绯红的云霞，以及无数透明的、天空的精灵，

飘浮在她的上方。”

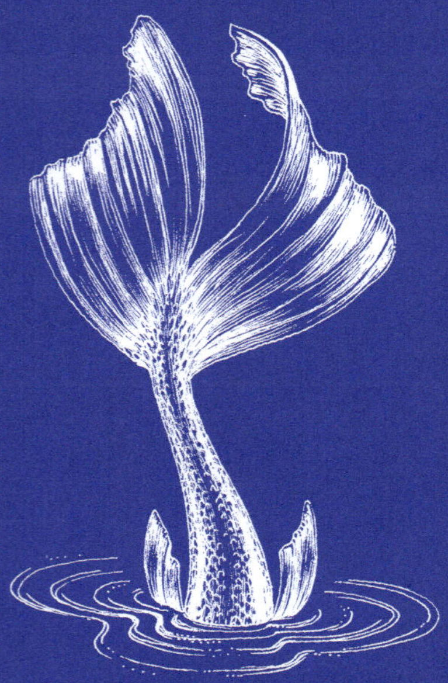

星空无穷，万物奇妙

《万物奇妙夜》译后记

陈剑

童年，躺在长椅上仰望漫天繁星的夏夜时，我一定渴望过这样一本书。

它告诉我为什么会有日出月升、季节更替，为什么月亮的脸一直在改变；告诉我在这无垠的宇宙中，我是如此渺小，却又如此富有。

它讲述人类探索宇宙的征程，也谈论睡眠的奥秘；它和我一样好奇梦是怎么回事；它画出眼球结构图，解释为什么我们看到的夜是黑色。

它说人工照明对纯粹的黑夜造成了威胁，天上的星光和地上的萤火虫都在受到影响；它介绍夜行动物的超能力，展示只在夜间开放的花朵。

它熟悉各民族神话中的夜之女神，埃及人的、希腊人的、北欧人的……它分享关于夜晚的故事，传说中的、历史上的那些惊心动魄的夜晚。它知道在法国、在中国、在墨西哥，在世界的各个角落，人们怎样庆祝夜的节日。

它传递知识，又充满诗意。

它像一支轻盈的曲子，却召唤着更宏大的乐章。

因为翻译这本《万物奇妙夜》，我重读卡尔·萨根的宇宙科普，感受他作为天文学家的激情；我搜索二十世纪美苏“太空竞赛”的历史，关注今日中国“神

舟”飞船的近况；我开始想象瑞典植物学家林奈的“花之时钟”，更忘不了海獭手拉手睡觉的画面。一本好书是一个邀请，如同宝藏的入口、魔法的种子，它打开你的视野，唤起你求知的欲望，指引你去探索更加广阔的世界。我们能从这本书中捕捉到许多与夜有关的经典作品：圣埃克絮佩里的《小王子》，刘易斯·卡罗尔的《爱丽丝梦游仙境》，梵高的《罗纳河上的星夜》，安徒生的《海的女儿》，爱伦·坡的《我发现了》……这些或陌生或熟悉的音符，等待着你去触摸，也许是惊喜的初遇，也许是动人的重逢。

绘本面向儿童，也面向人类的初心。它用最简洁、最温柔的文字，回答人类最初的好奇、恐惧、迷茫和神往。这本书的写作者卡洛琳娜·费热爱历史和科学，她选择以“夜”为主题，从浩瀚的宇宙到人类的大脑，继而注视大自然的神奇造物，最后再将目光投向人类创造出来的神话、历史、文化，包罗万象，逻辑清晰，又不失浪漫情怀。插画家阿芒丁娜·德罗奈偏好黑白色调和版画艺术，所以在这本书中，她让世间万物从幽暗深邃的背景中悄然浮现，散发出神秘而迷人的光。贯穿始终的优雅蓝色，赋予了这本书独一无二的魅力，颜色单纯却绝不单调，为读者留下无尽的想象空间。

更何况，一颗赤子之心从来都不会觉得单调，因为它知道星空无穷，万物奇妙，打开这本书，就可以开启一场精彩绝伦的旅行。

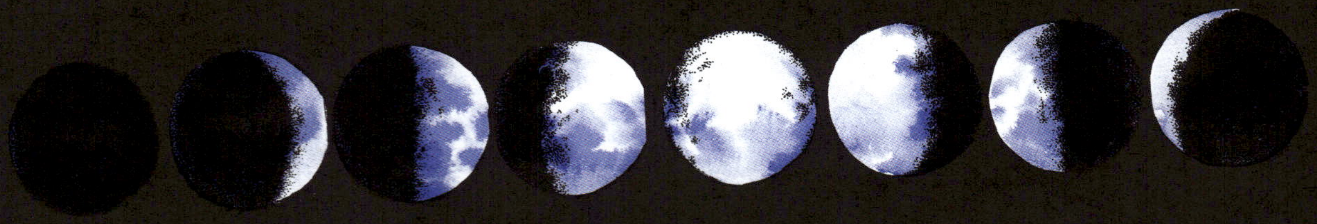